MANDALAS

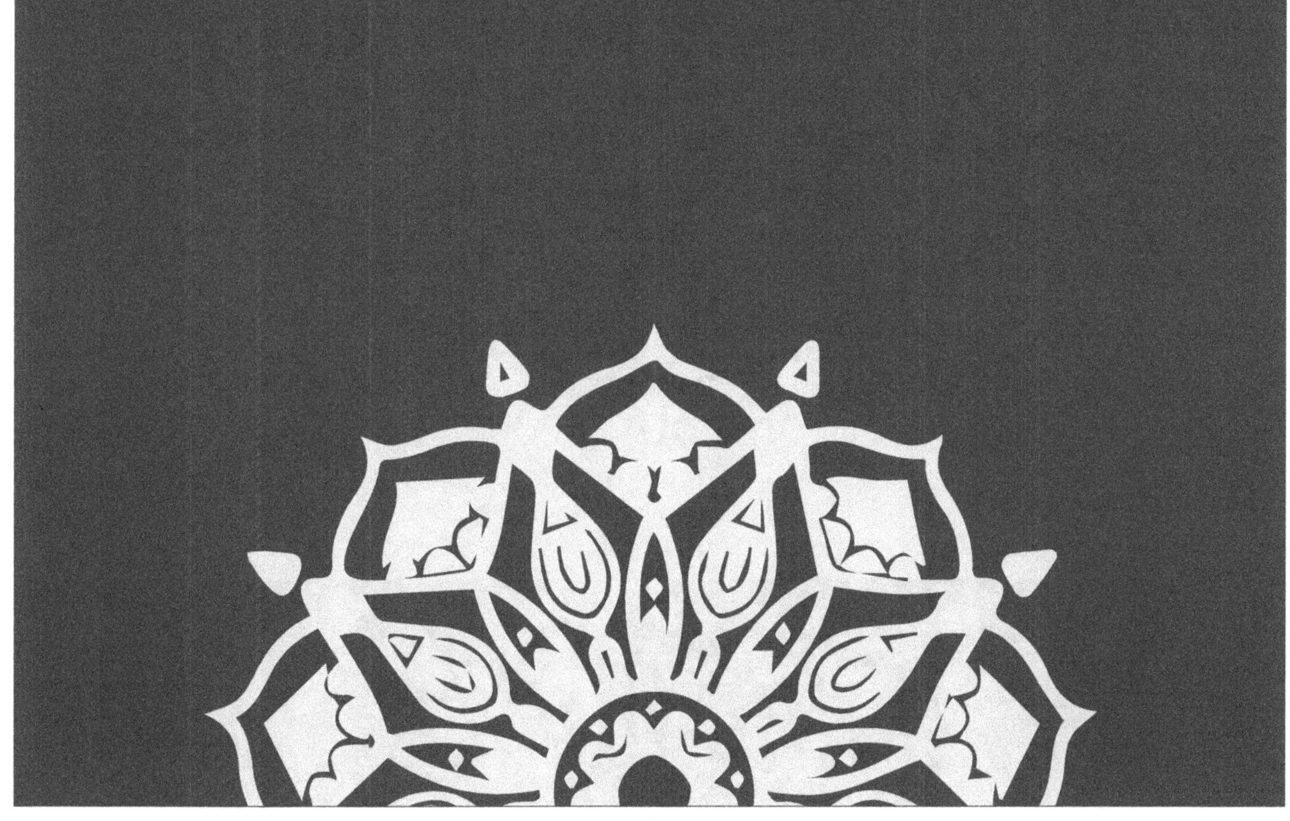

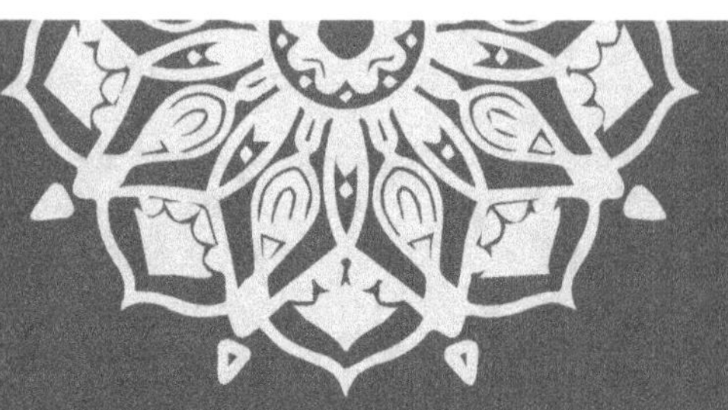

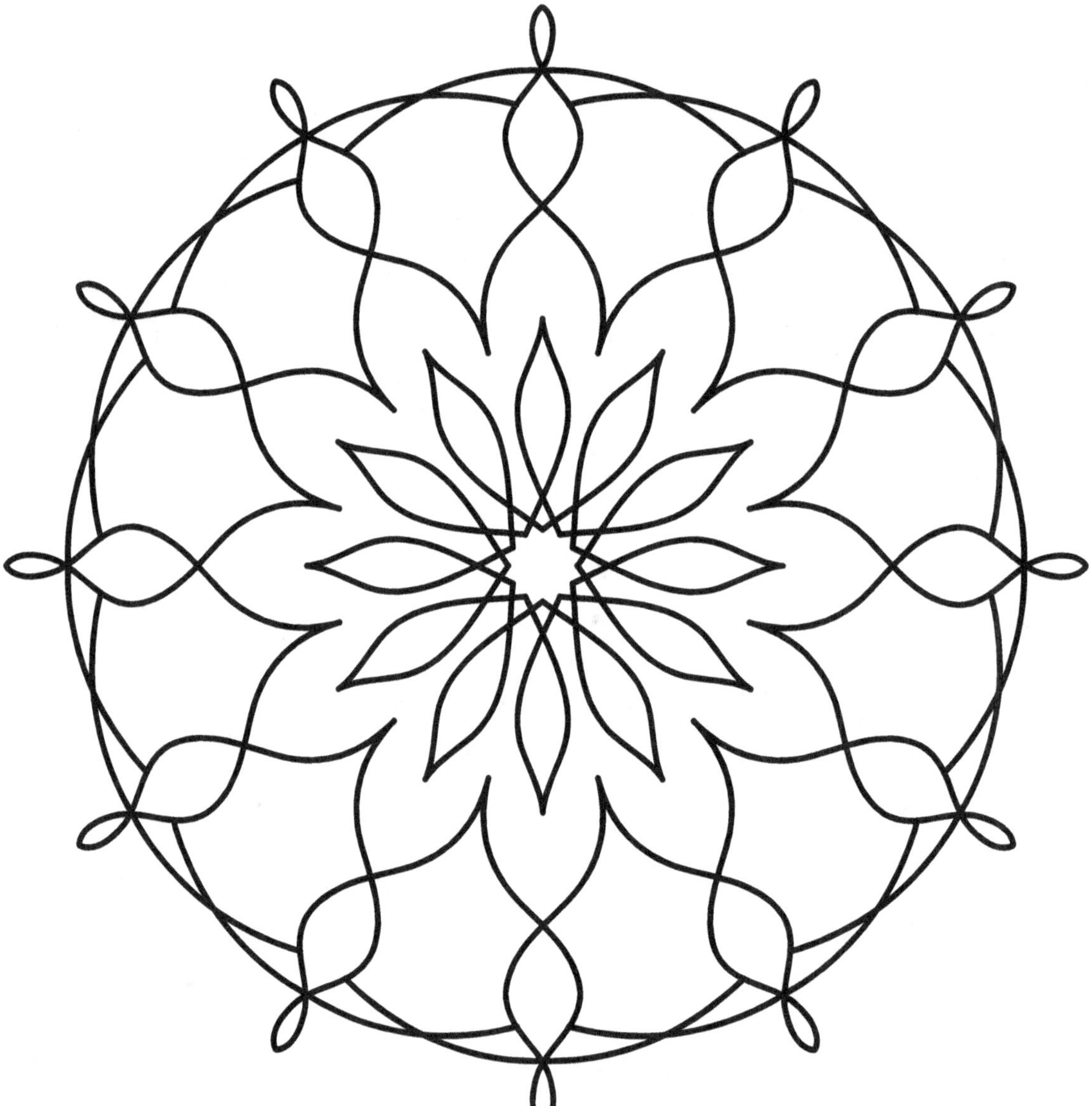

Tranquilidad

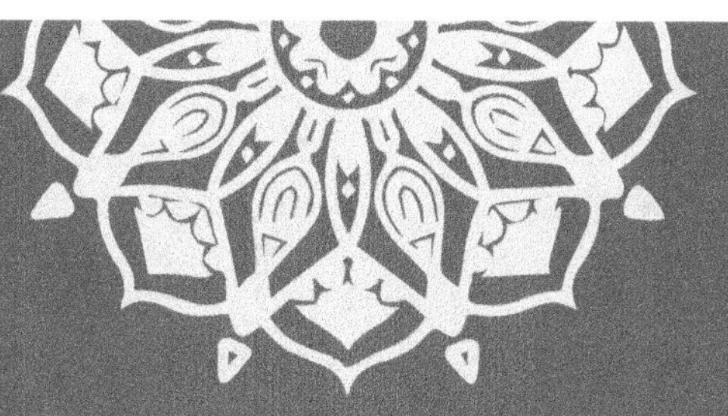

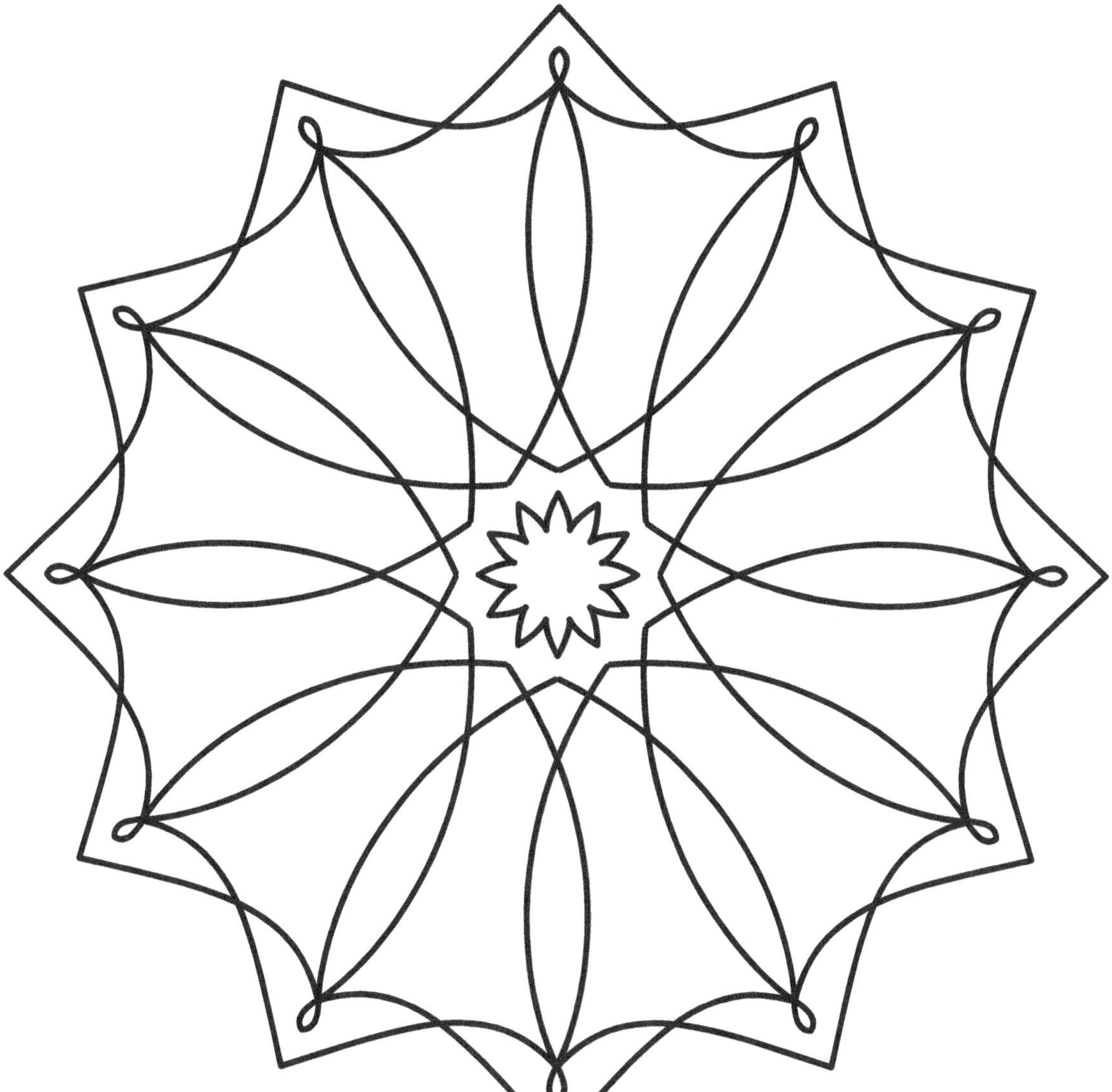

Paz

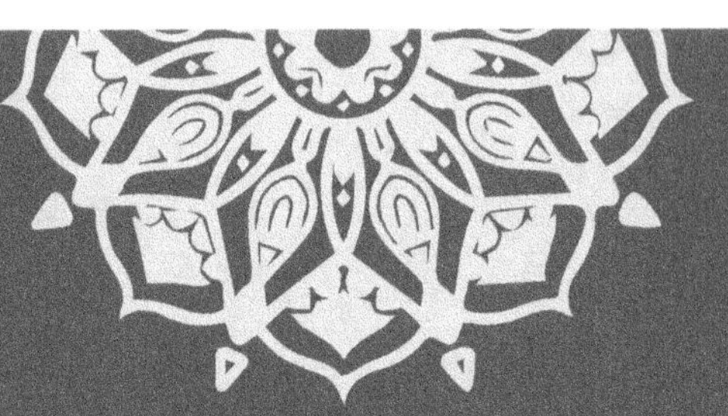

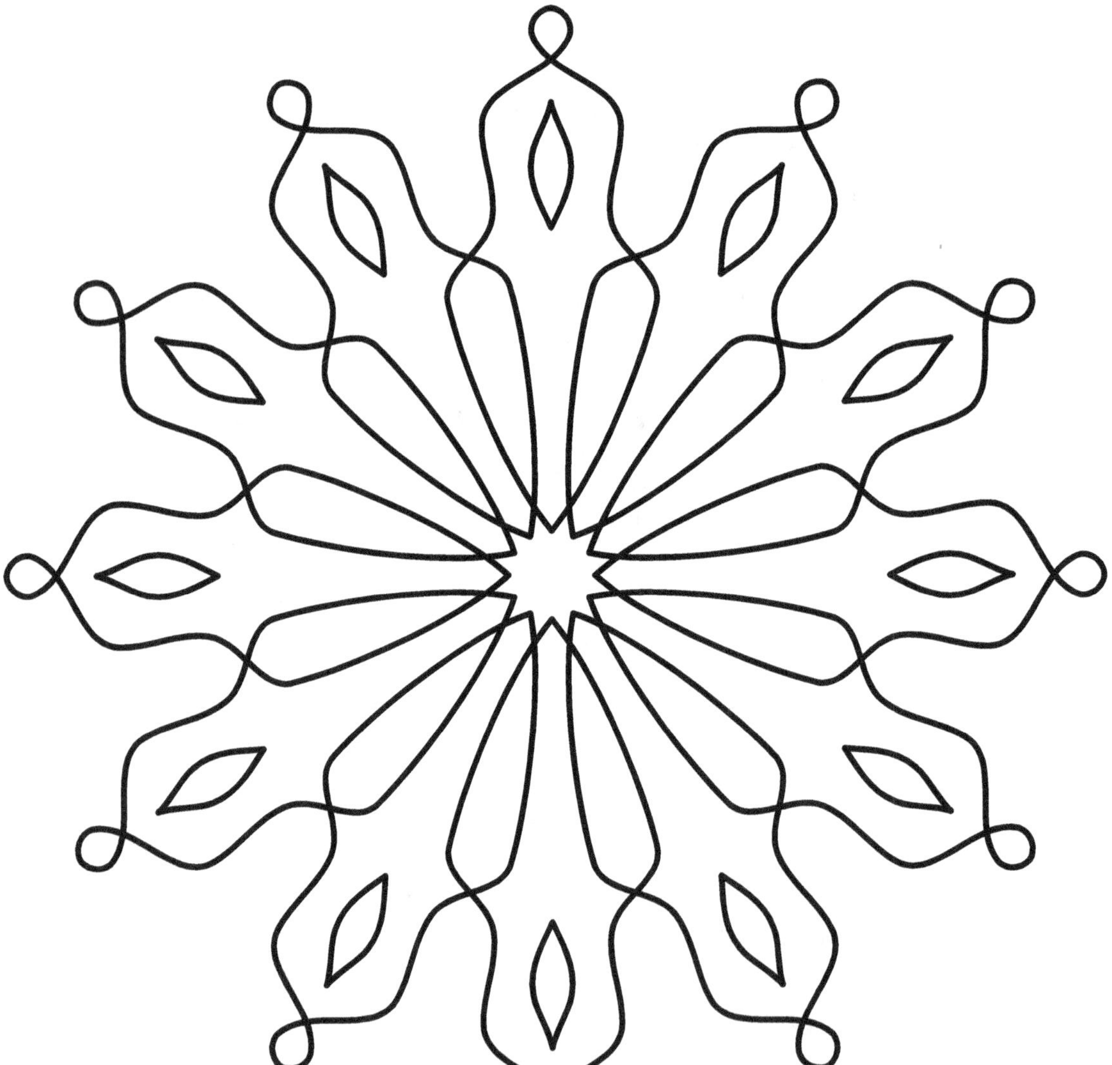

Sosiego

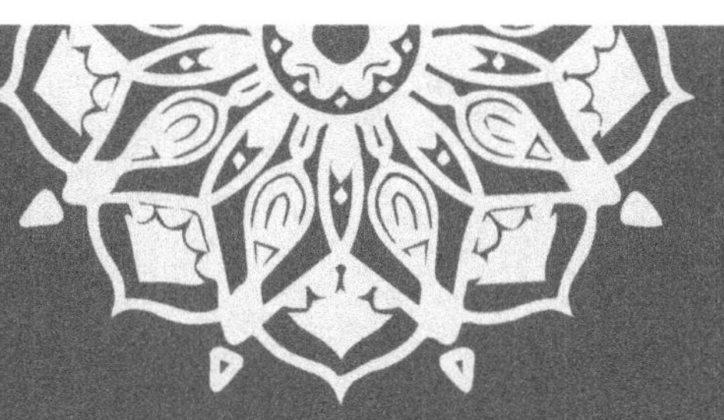

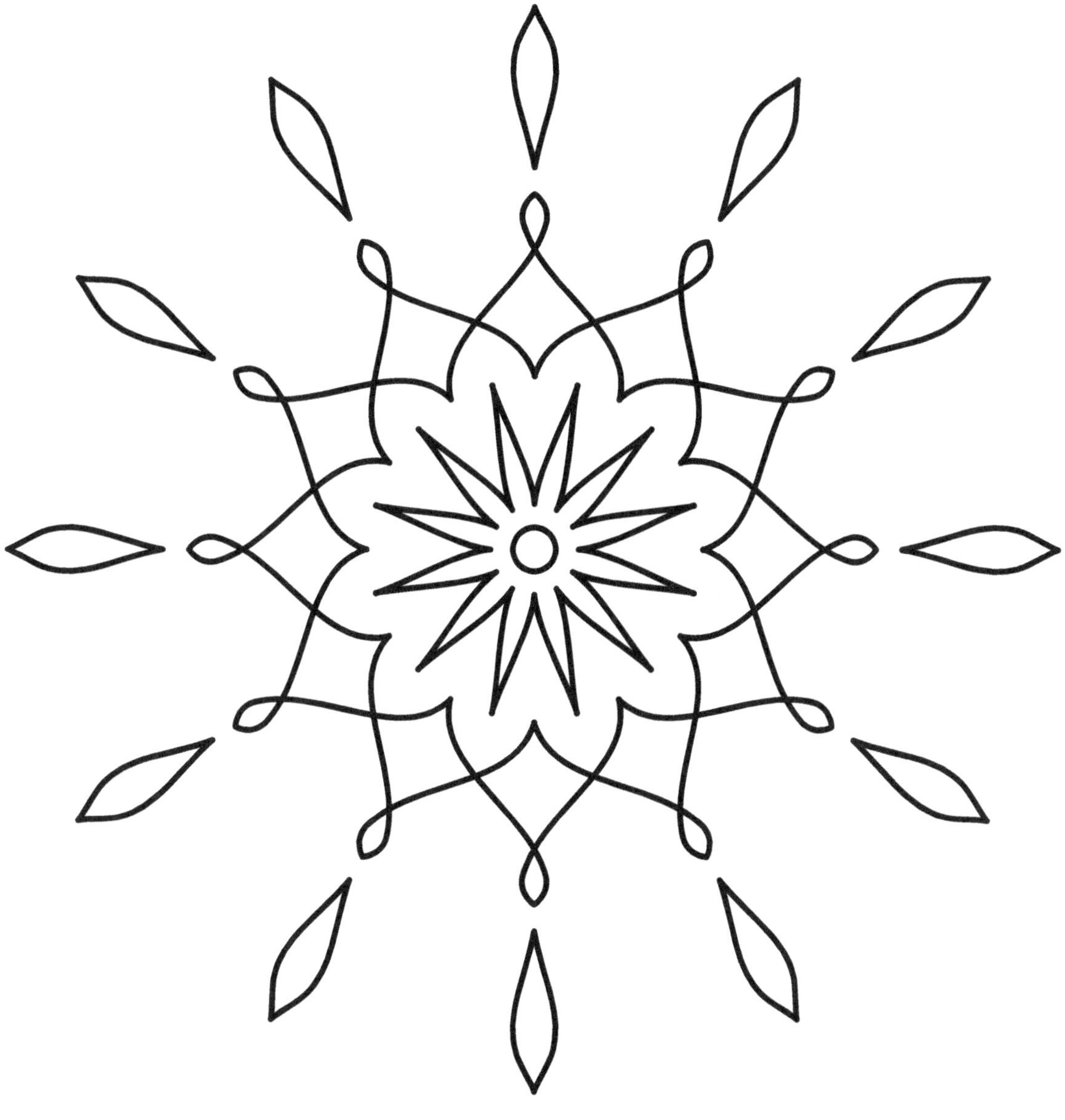

Quietud

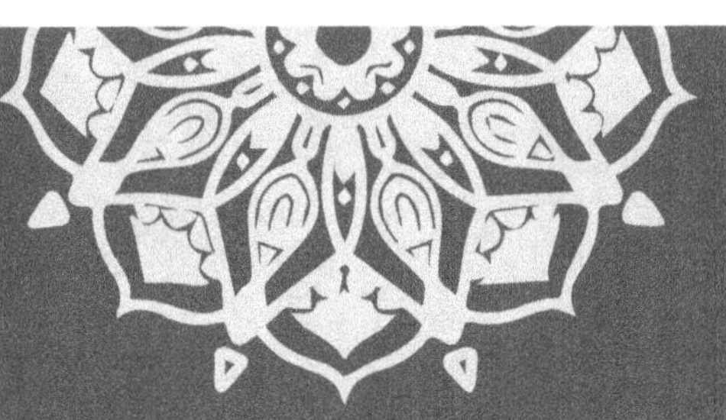

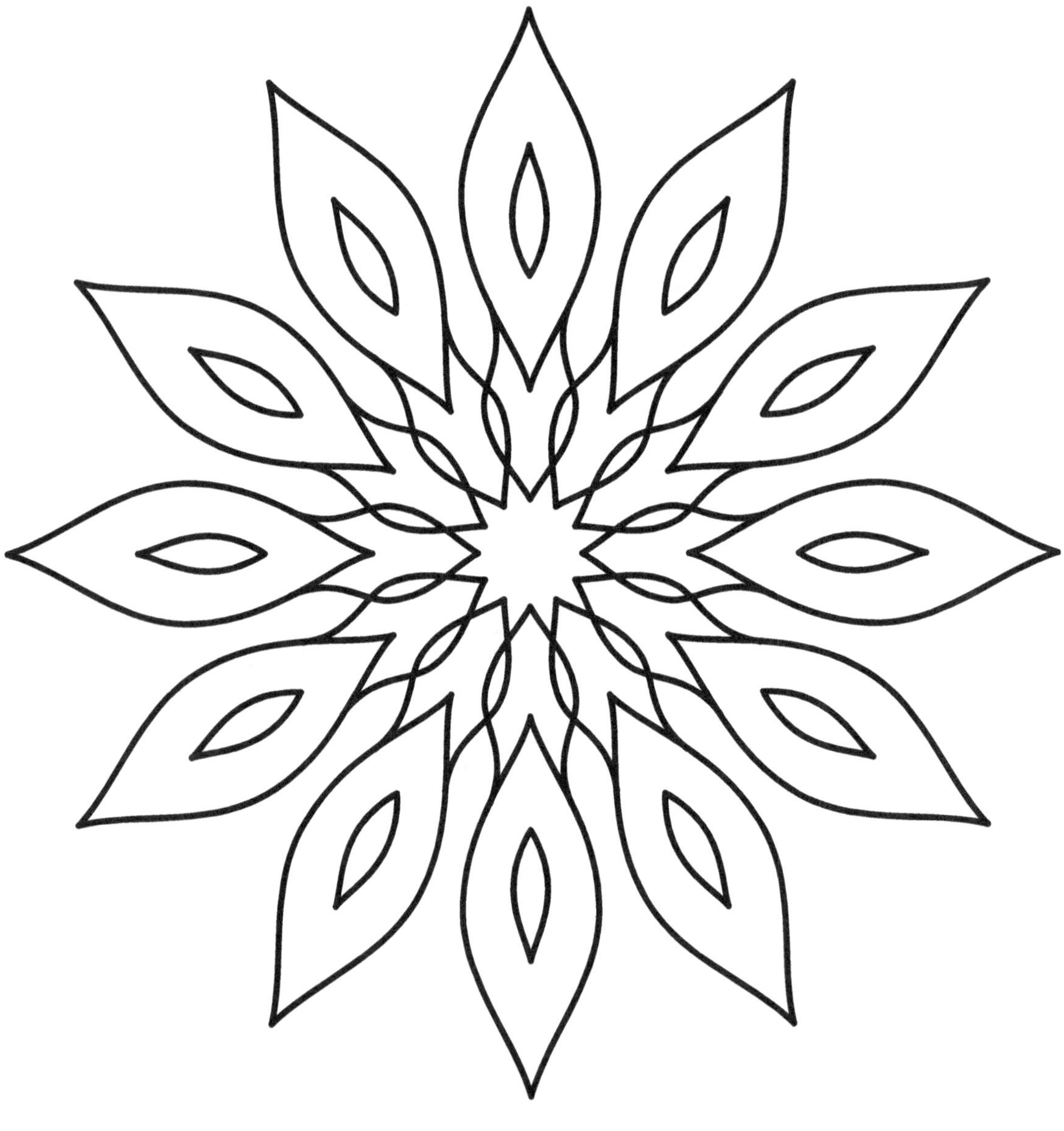

Calma

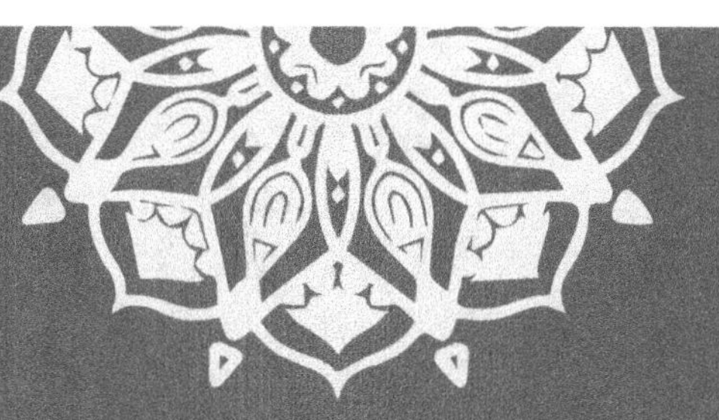

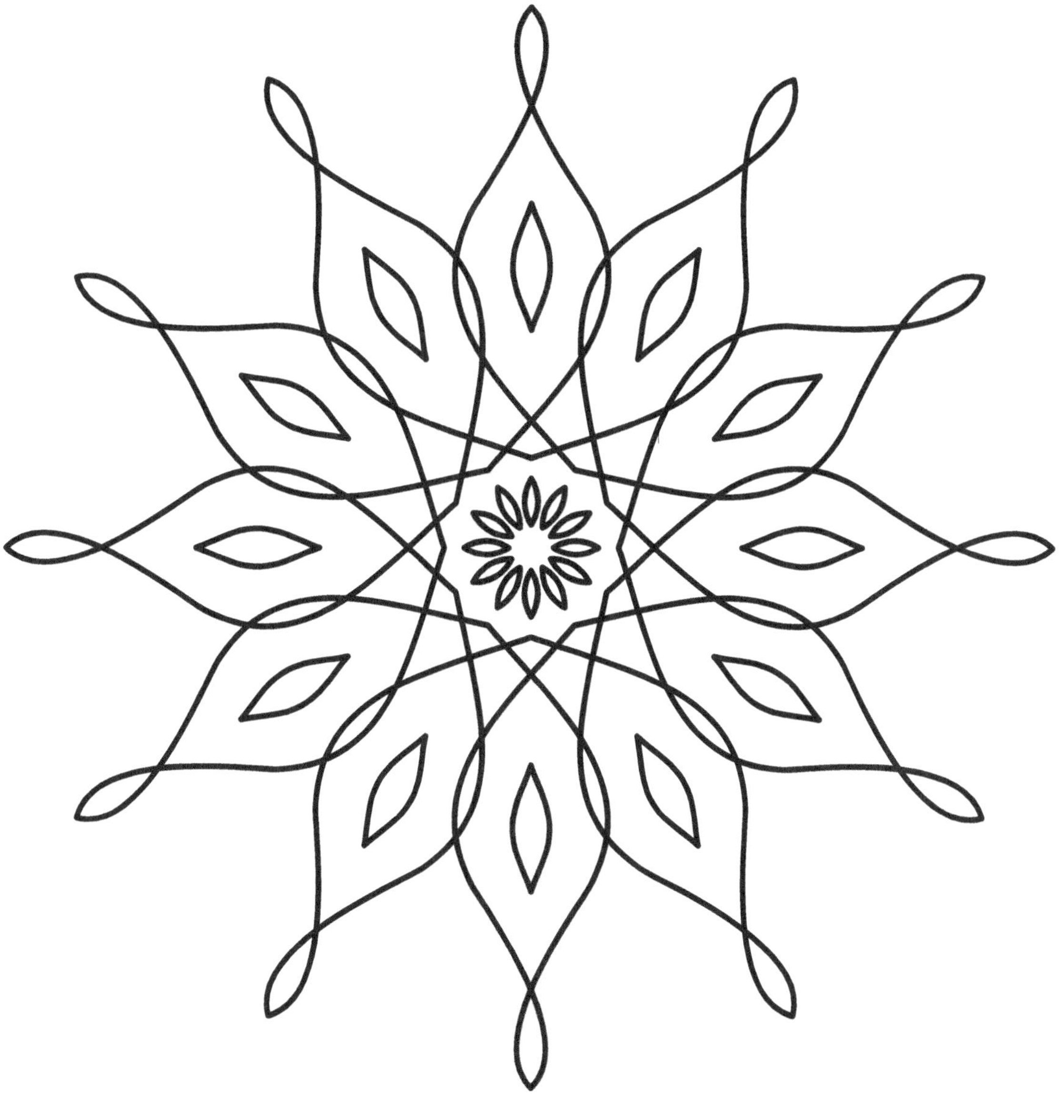

Reposo

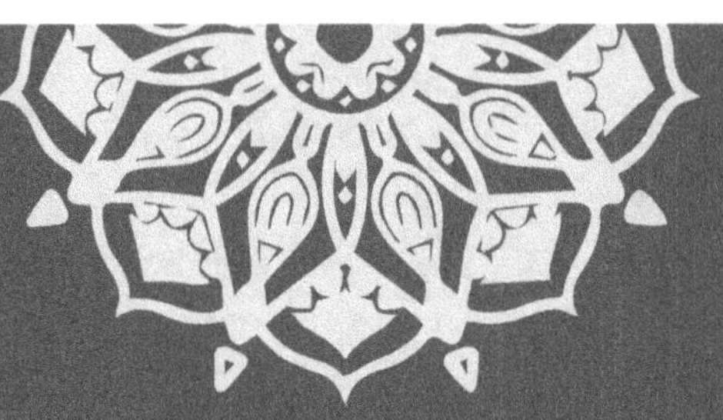

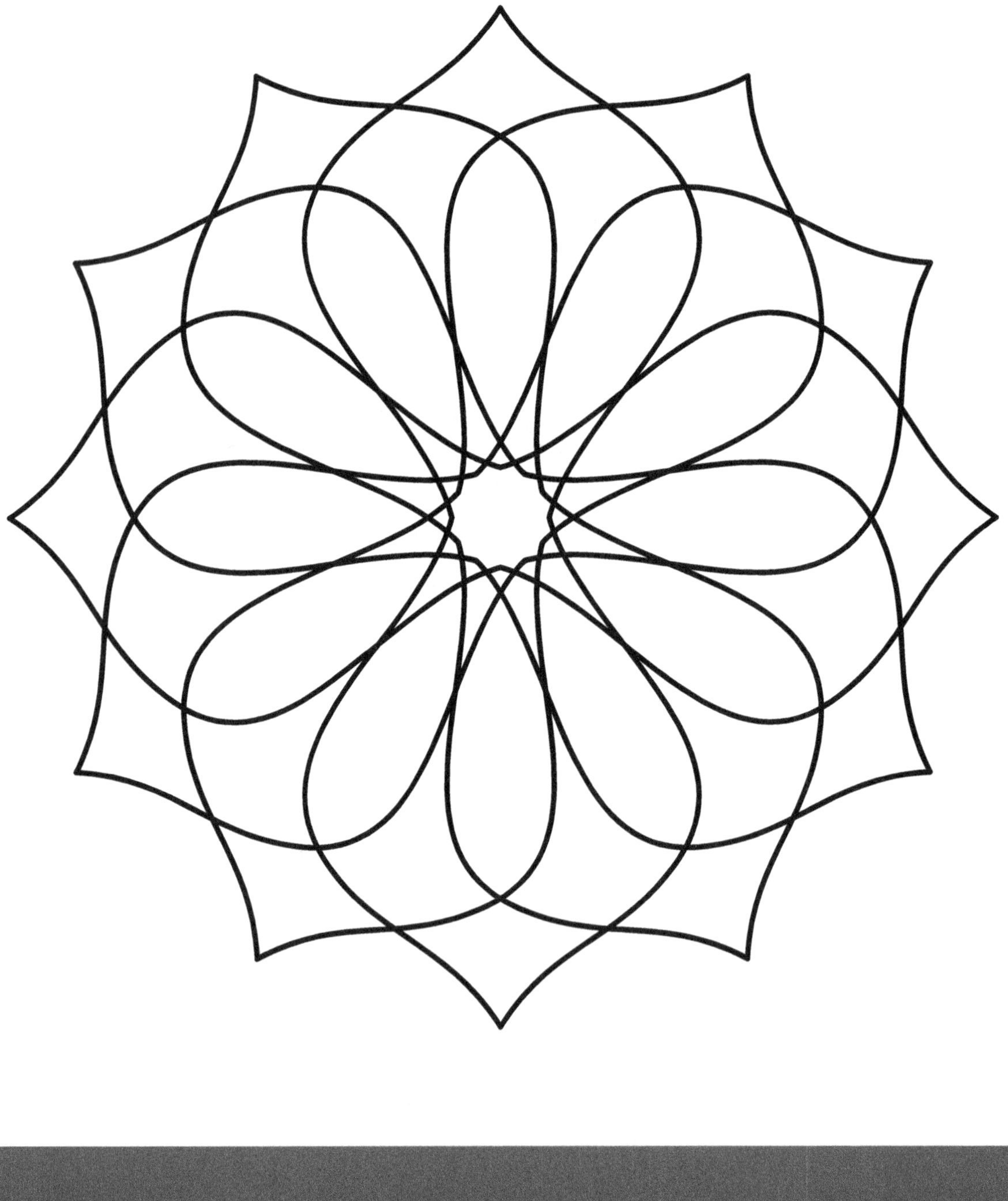

Concordia

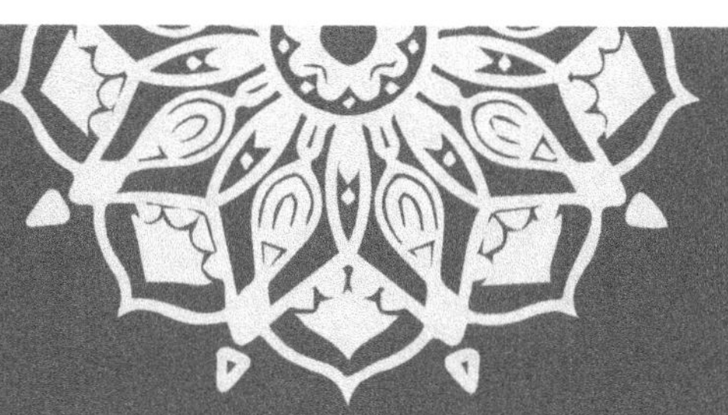

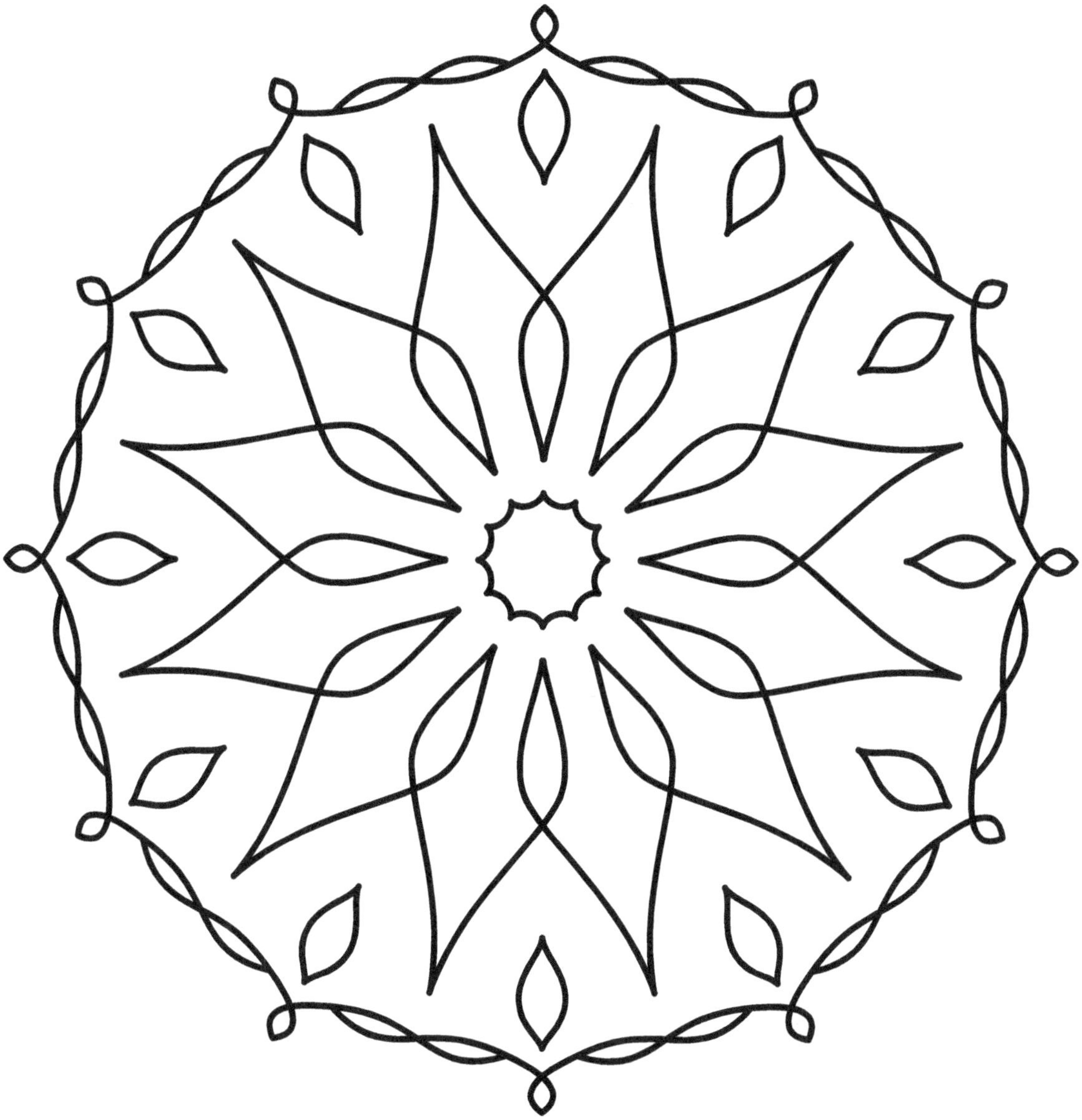

Armonia

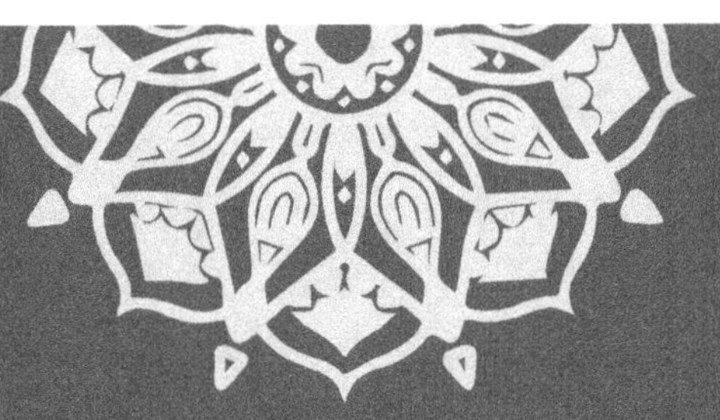

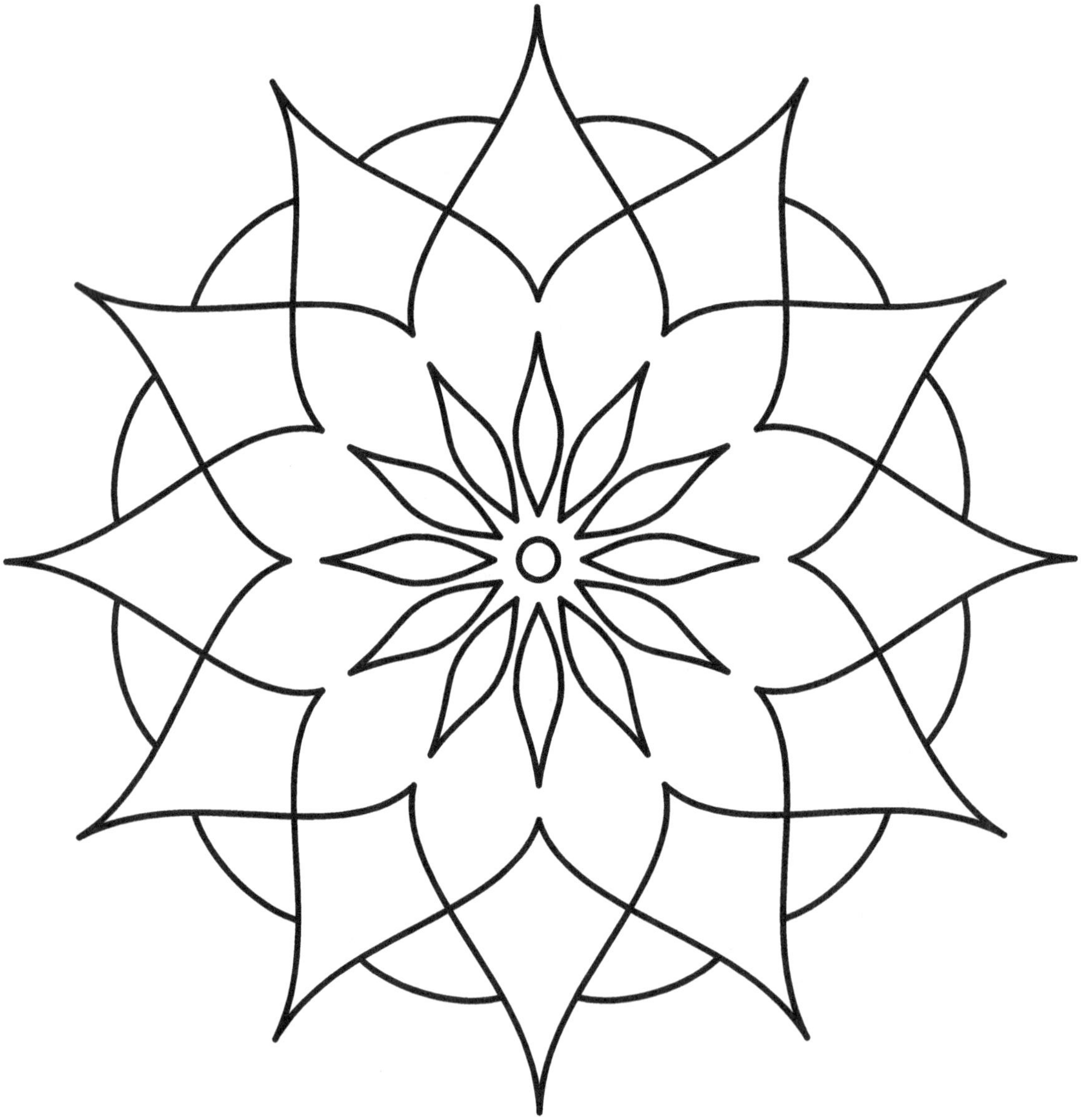

Acuerdo

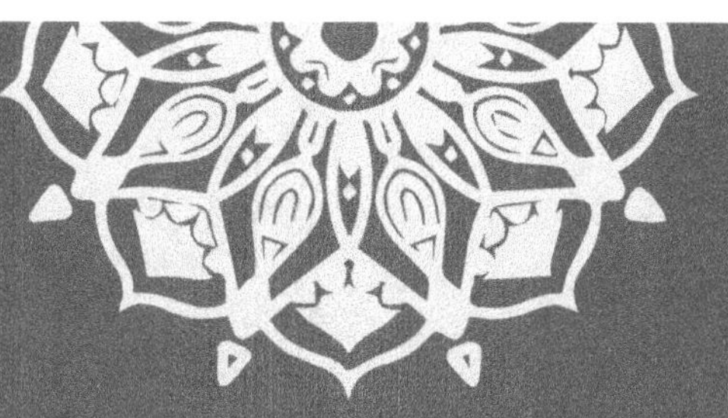

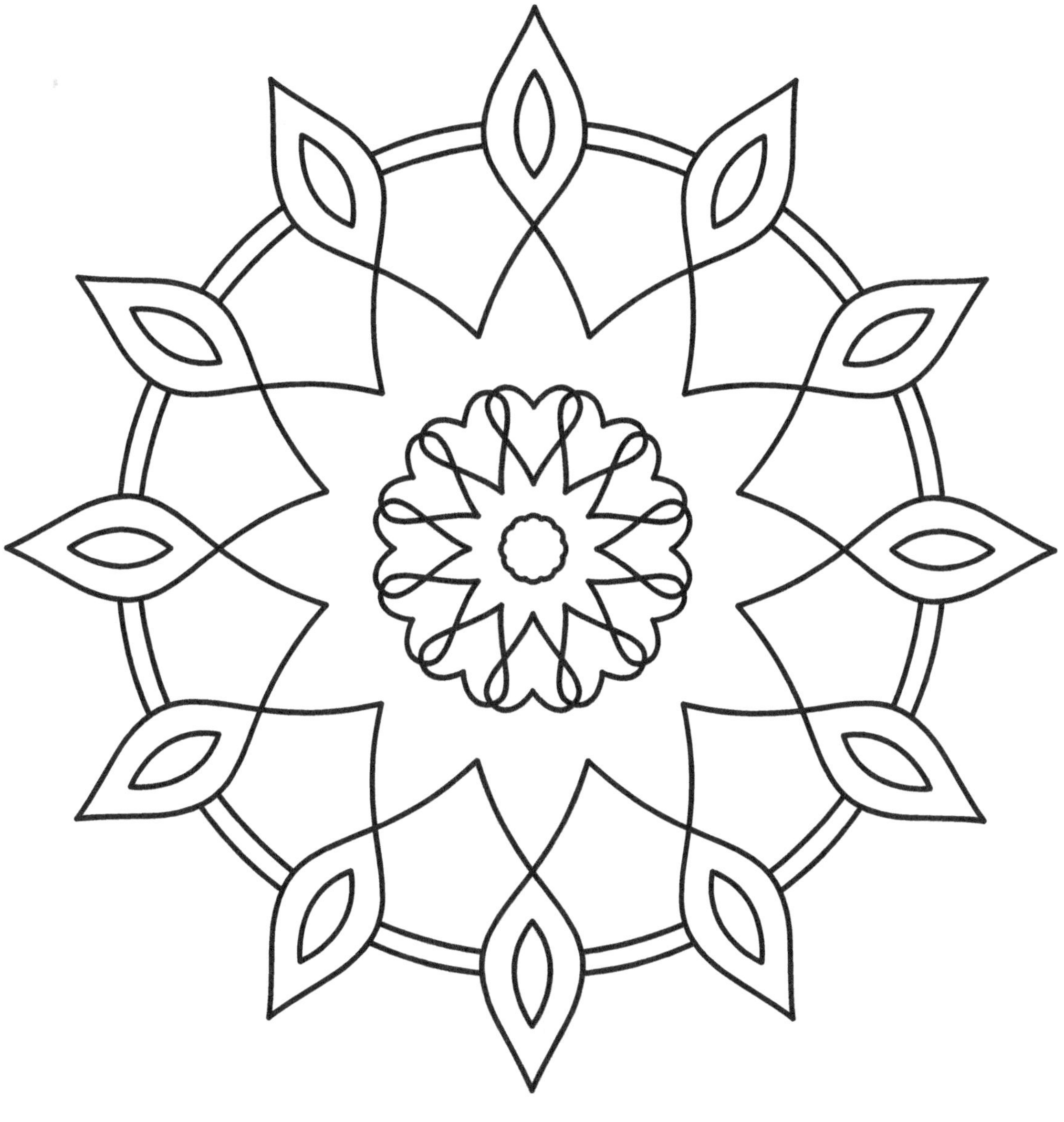

Serenidad

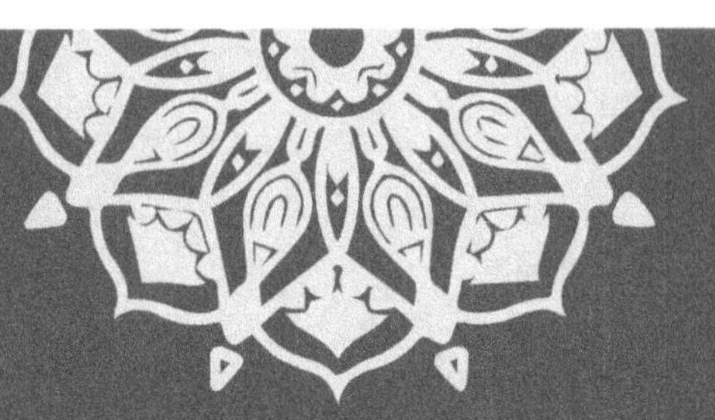

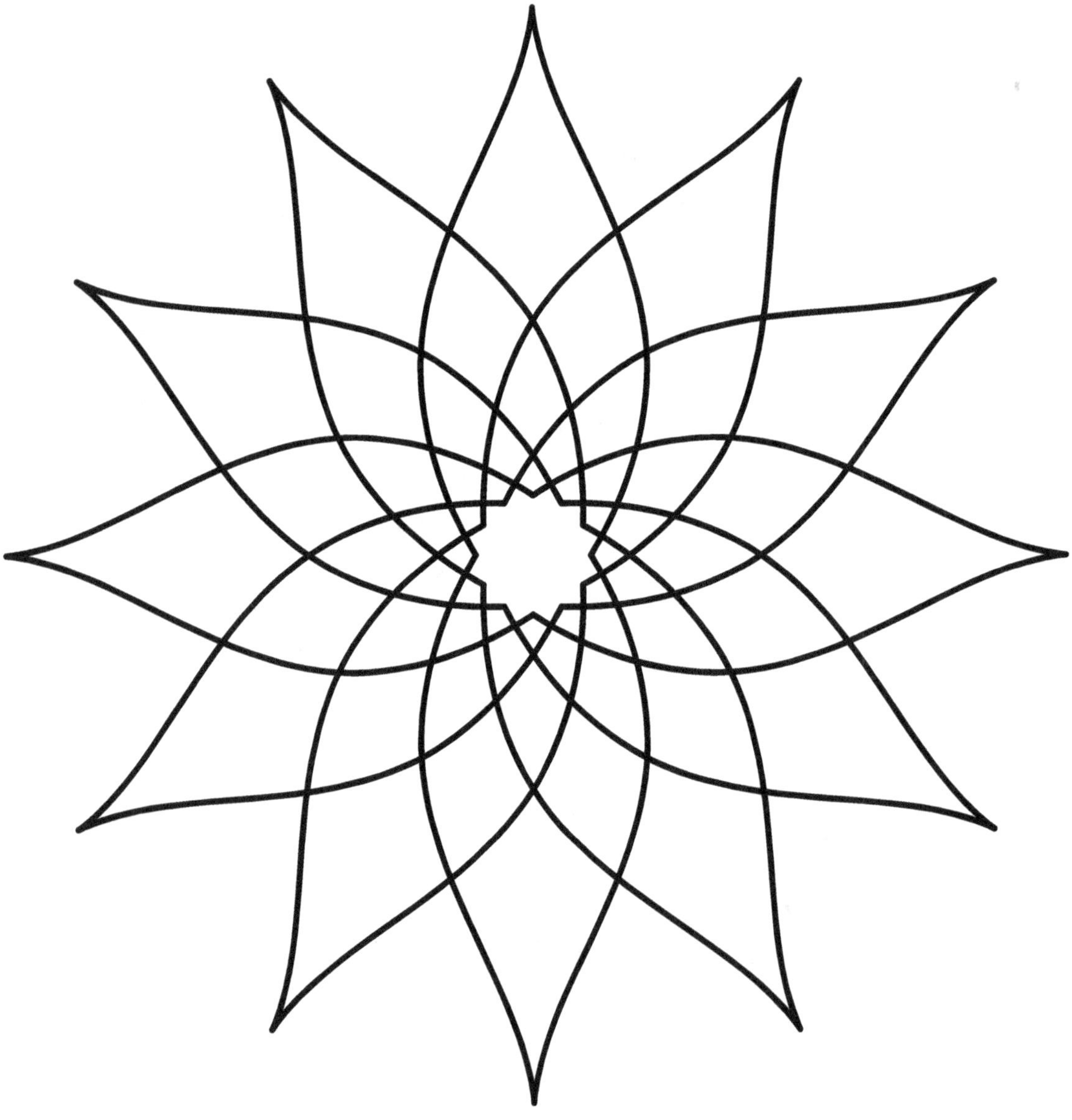

Descanso

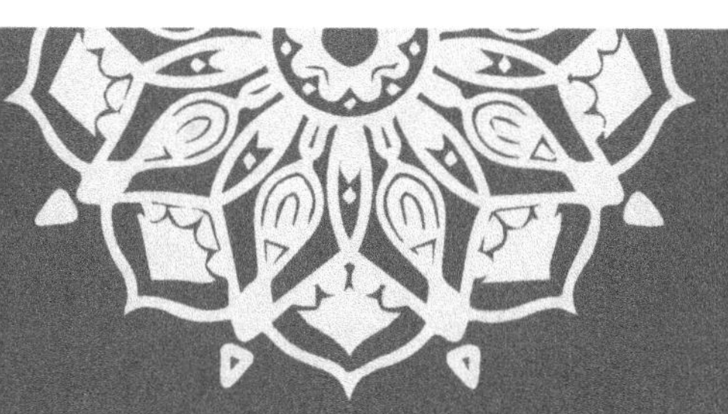

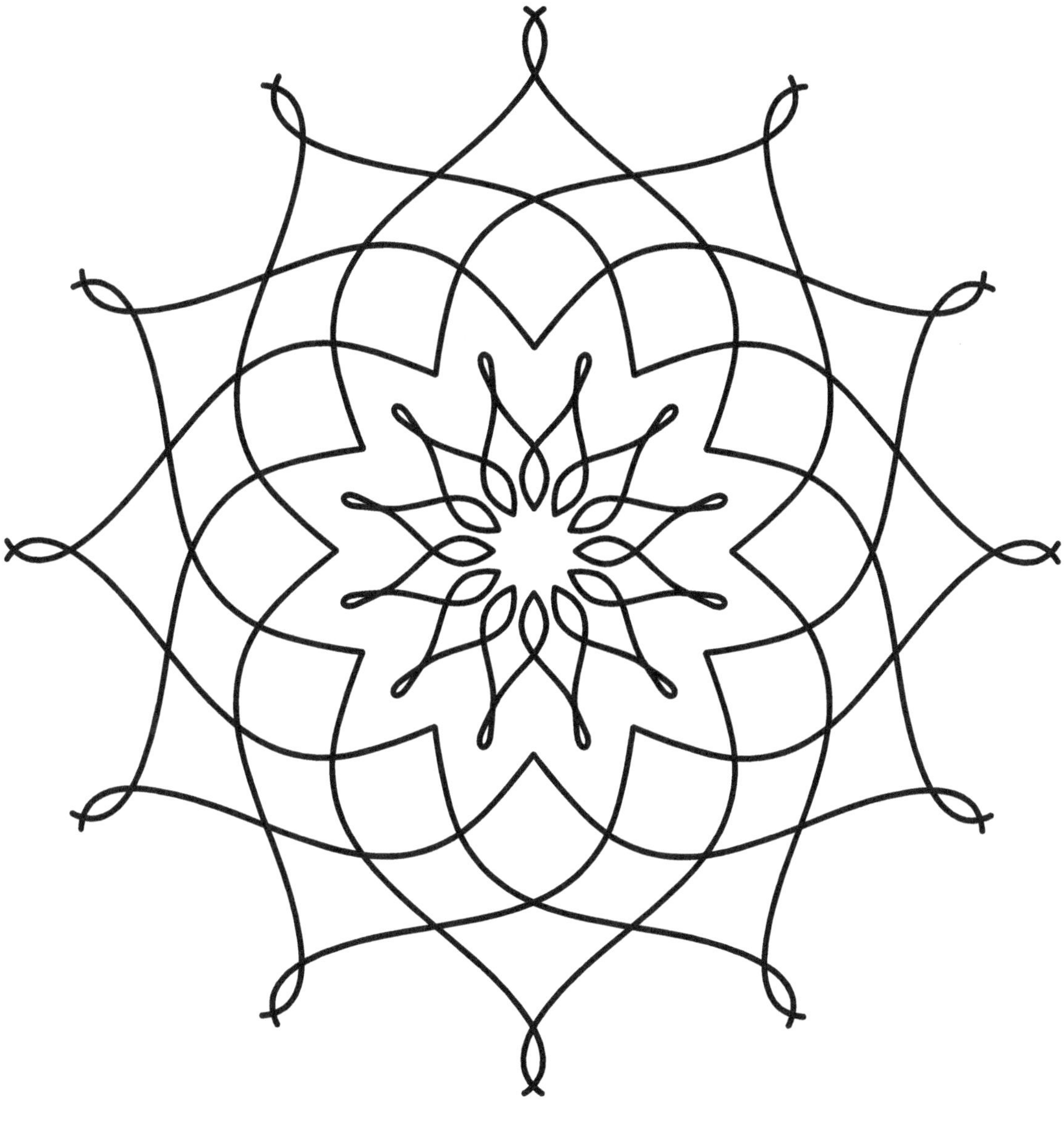

Silencio

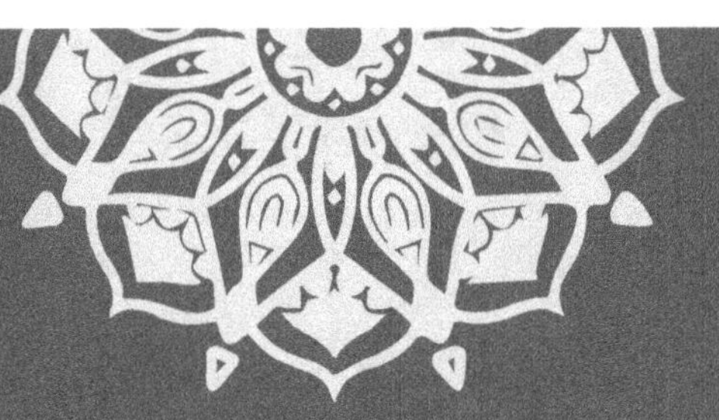

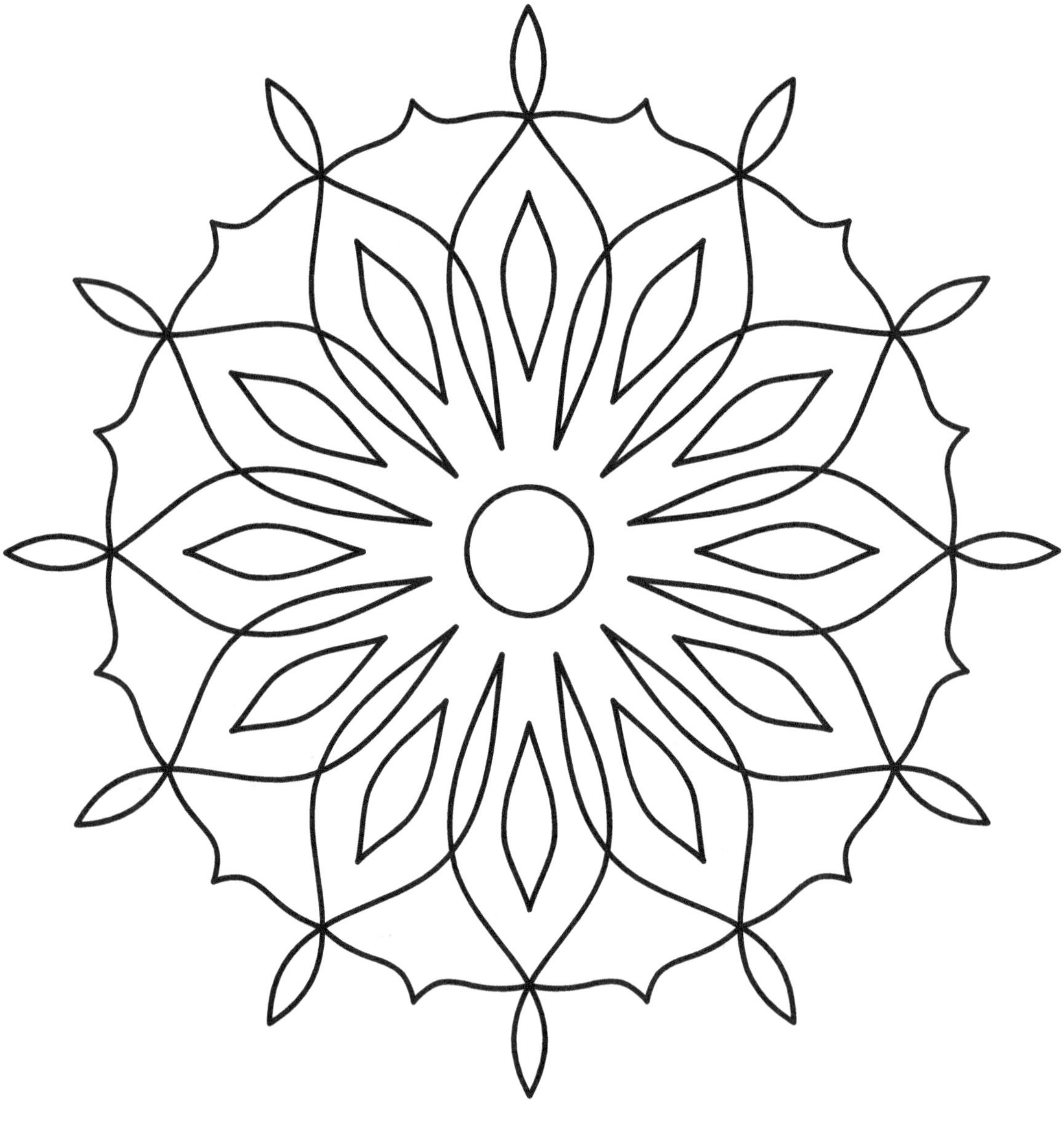

Pausa

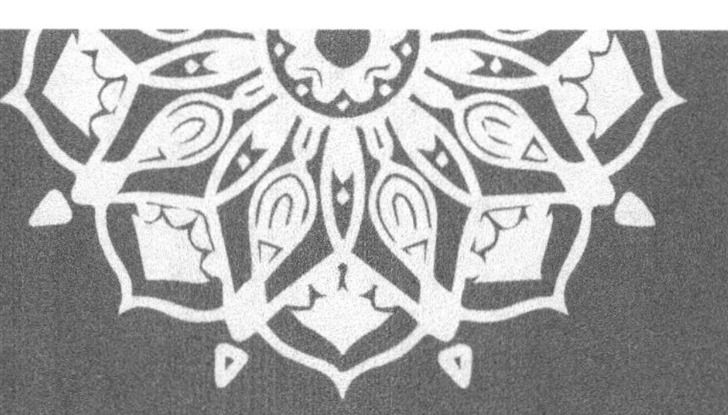

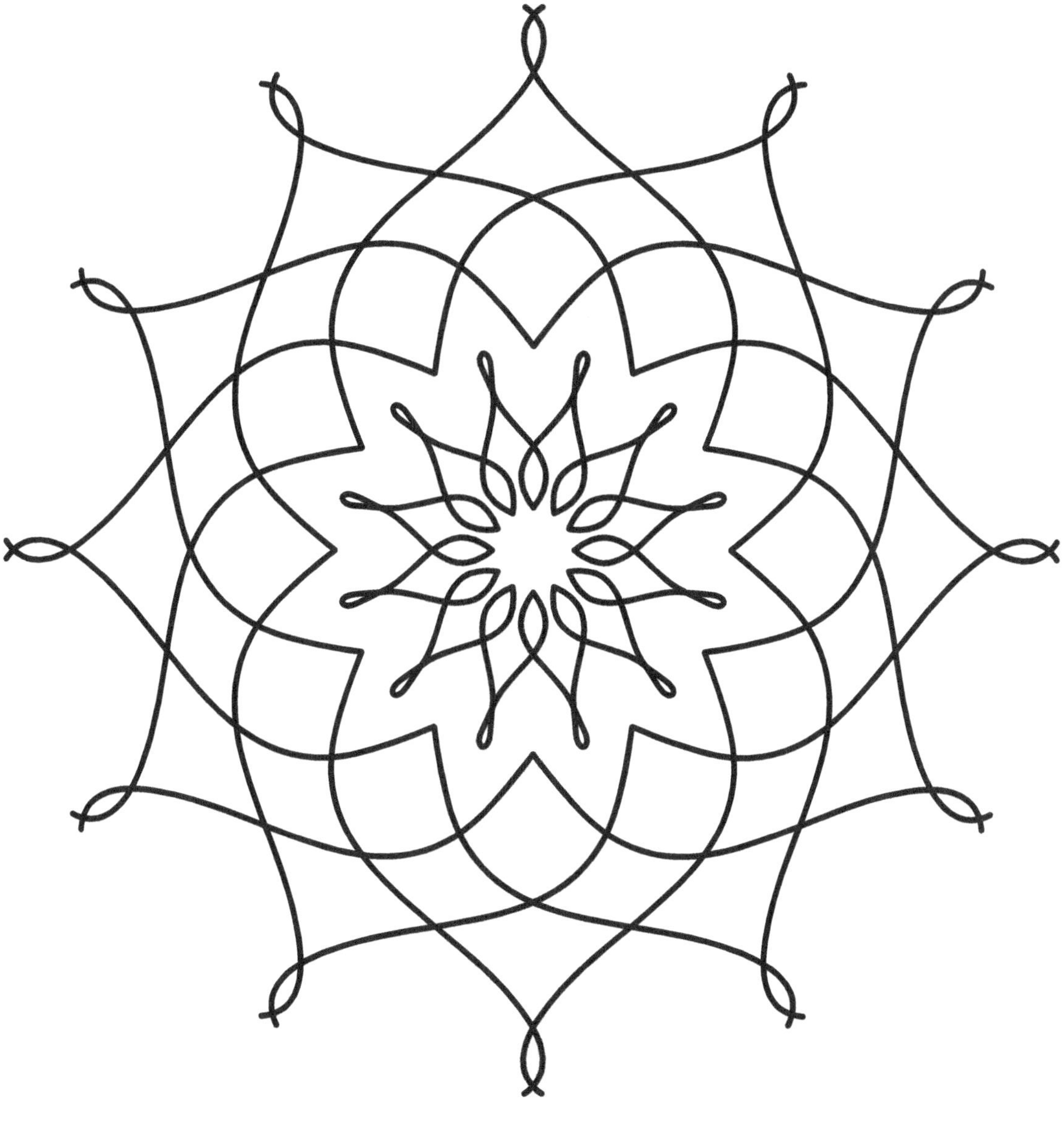

Relajación

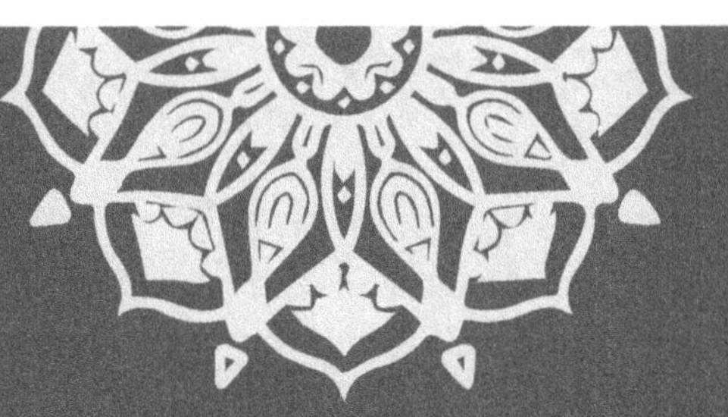

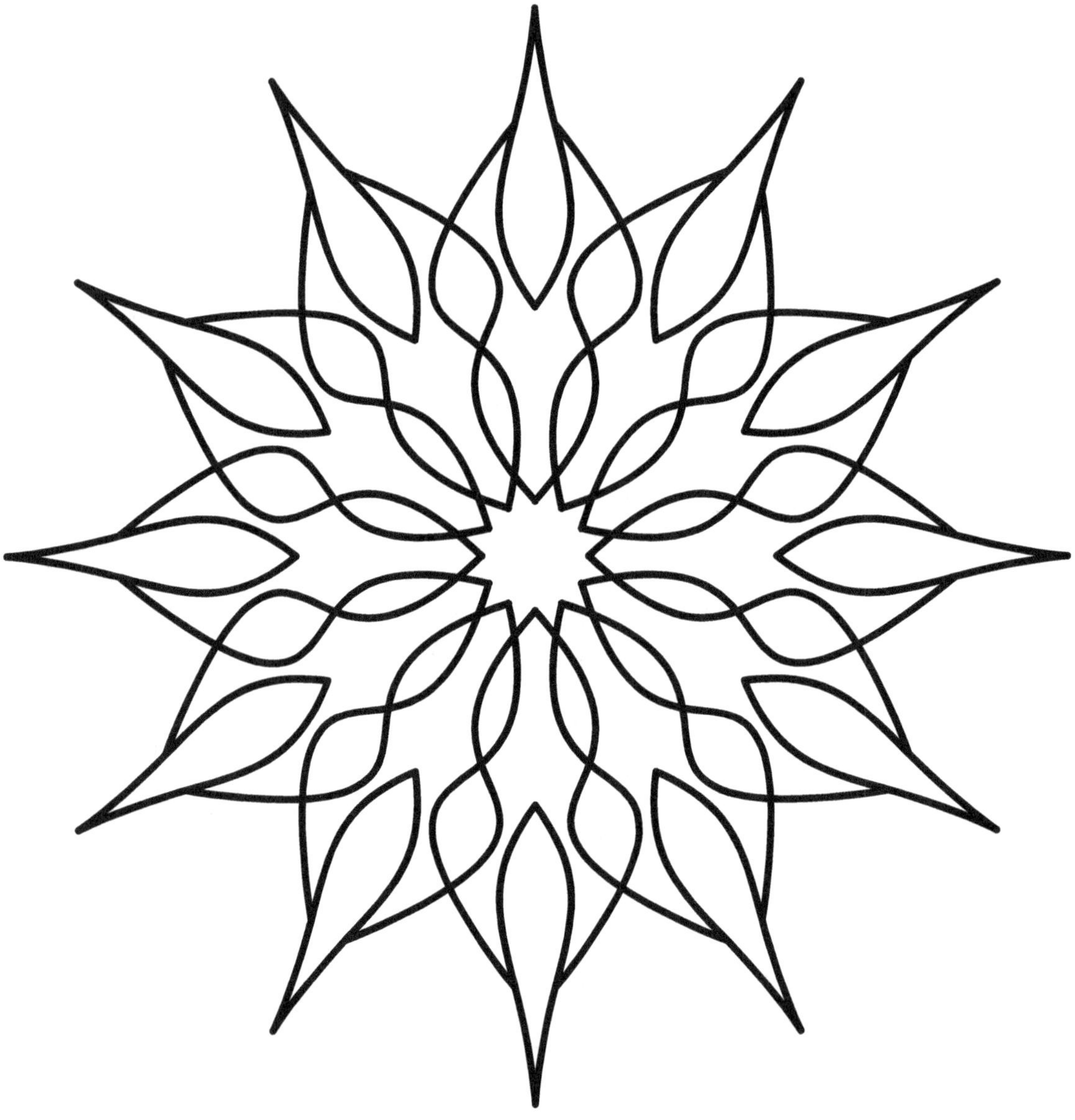

Comodidad

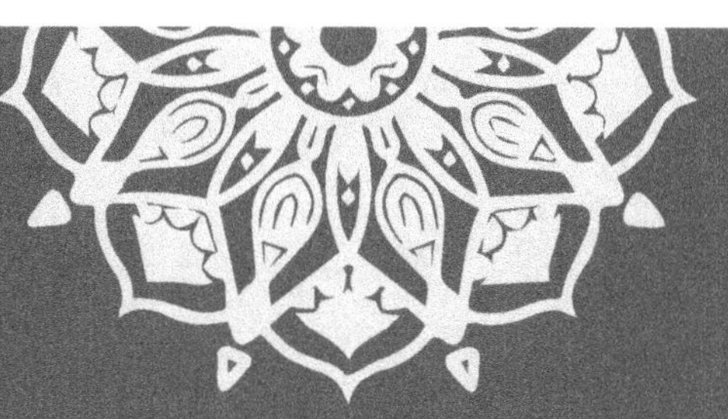

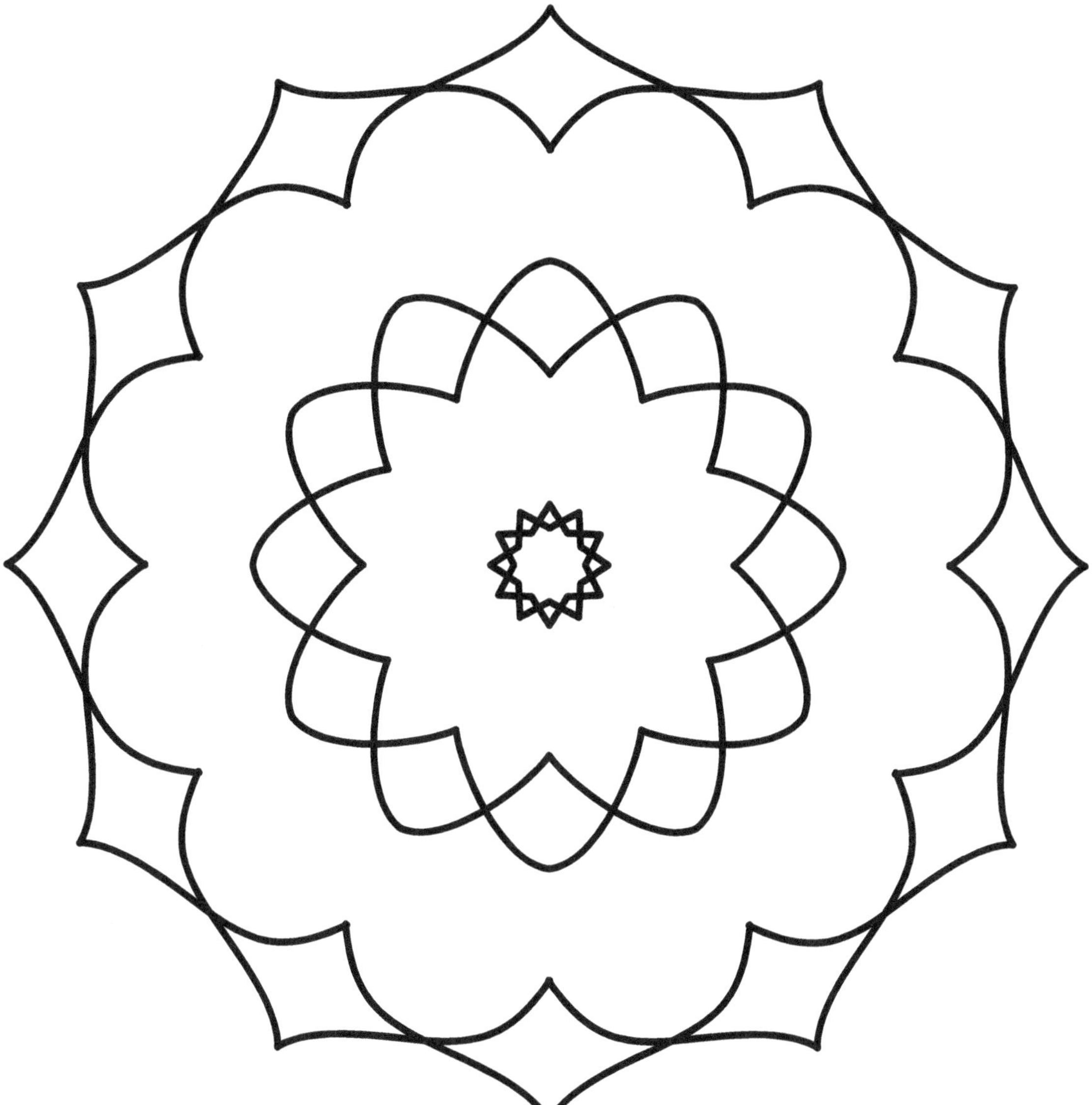

Bienestar

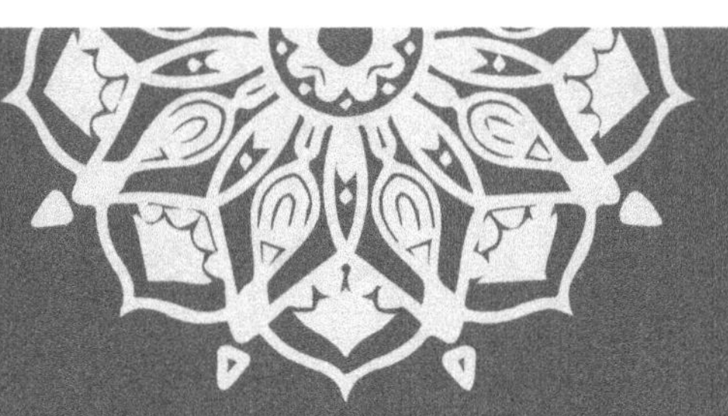

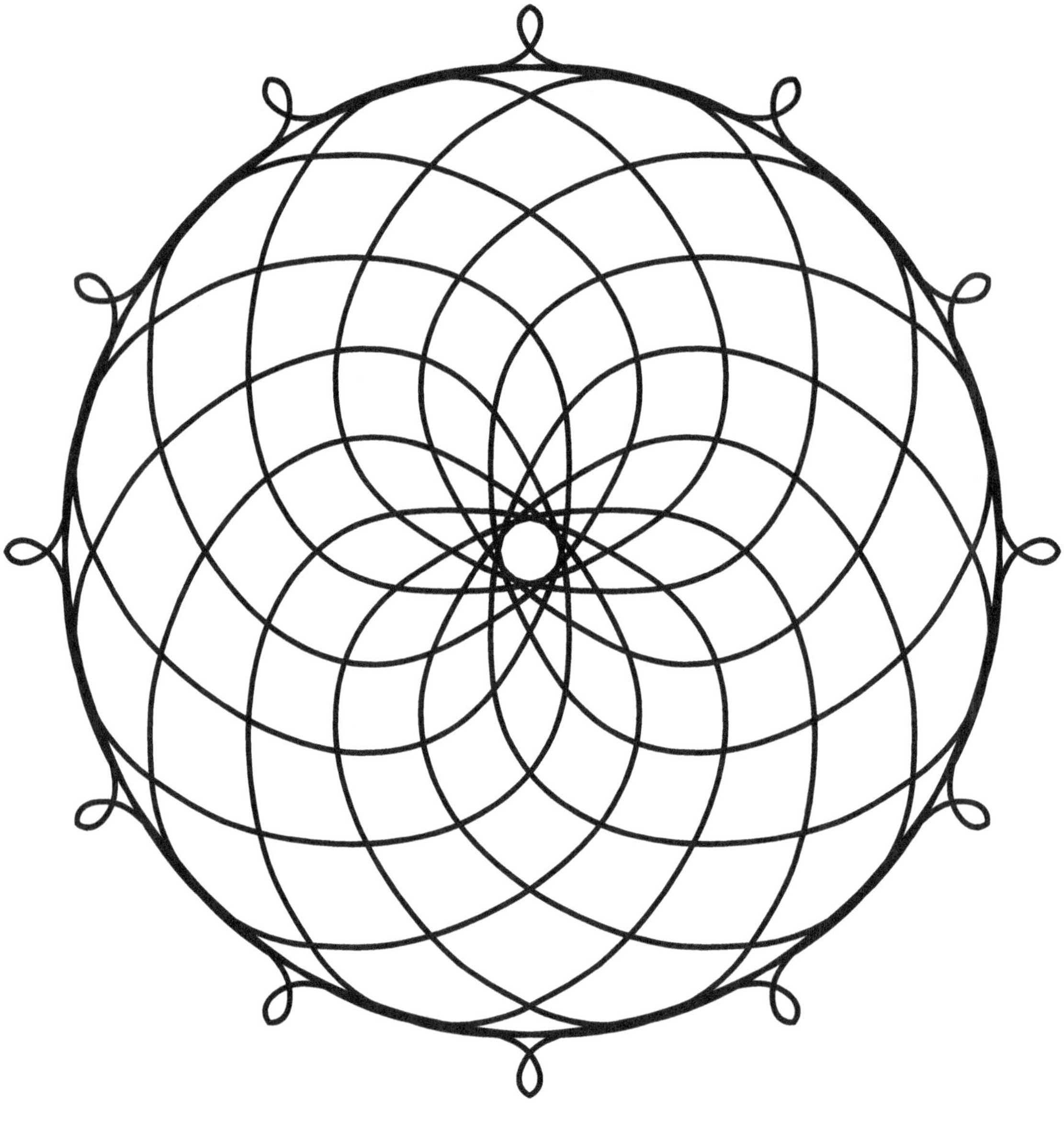

Dicha

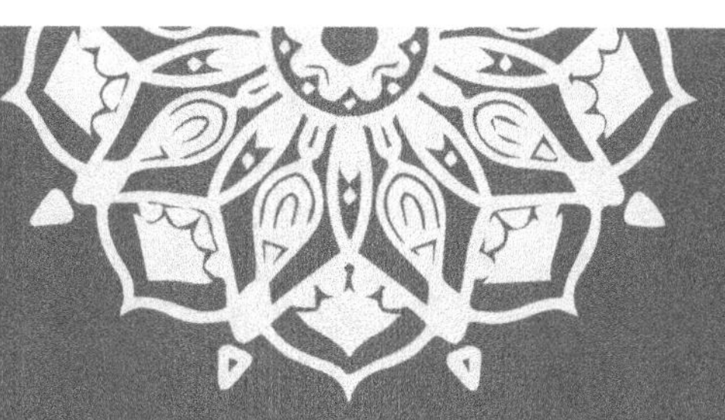

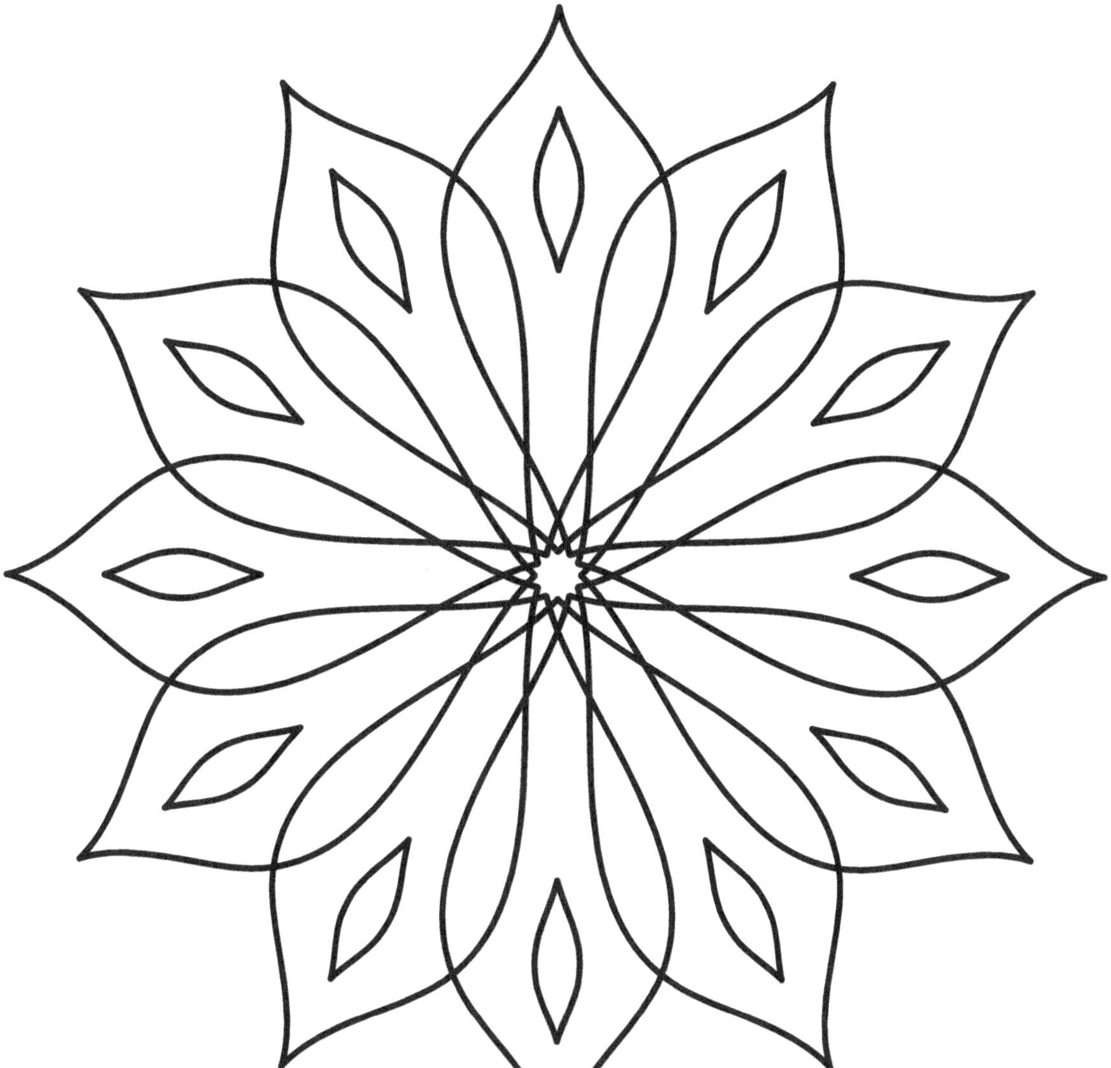

Satisfacción

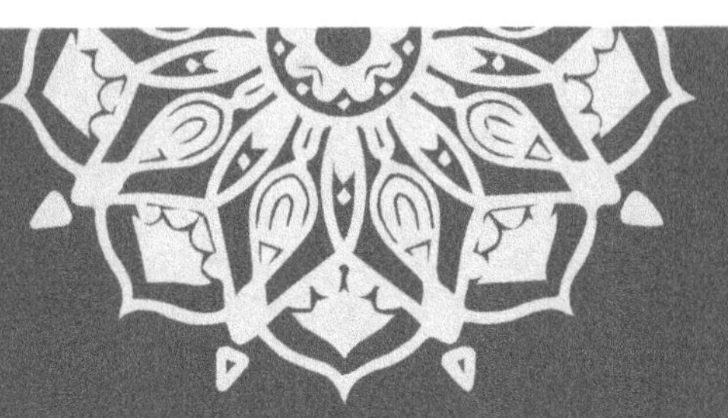

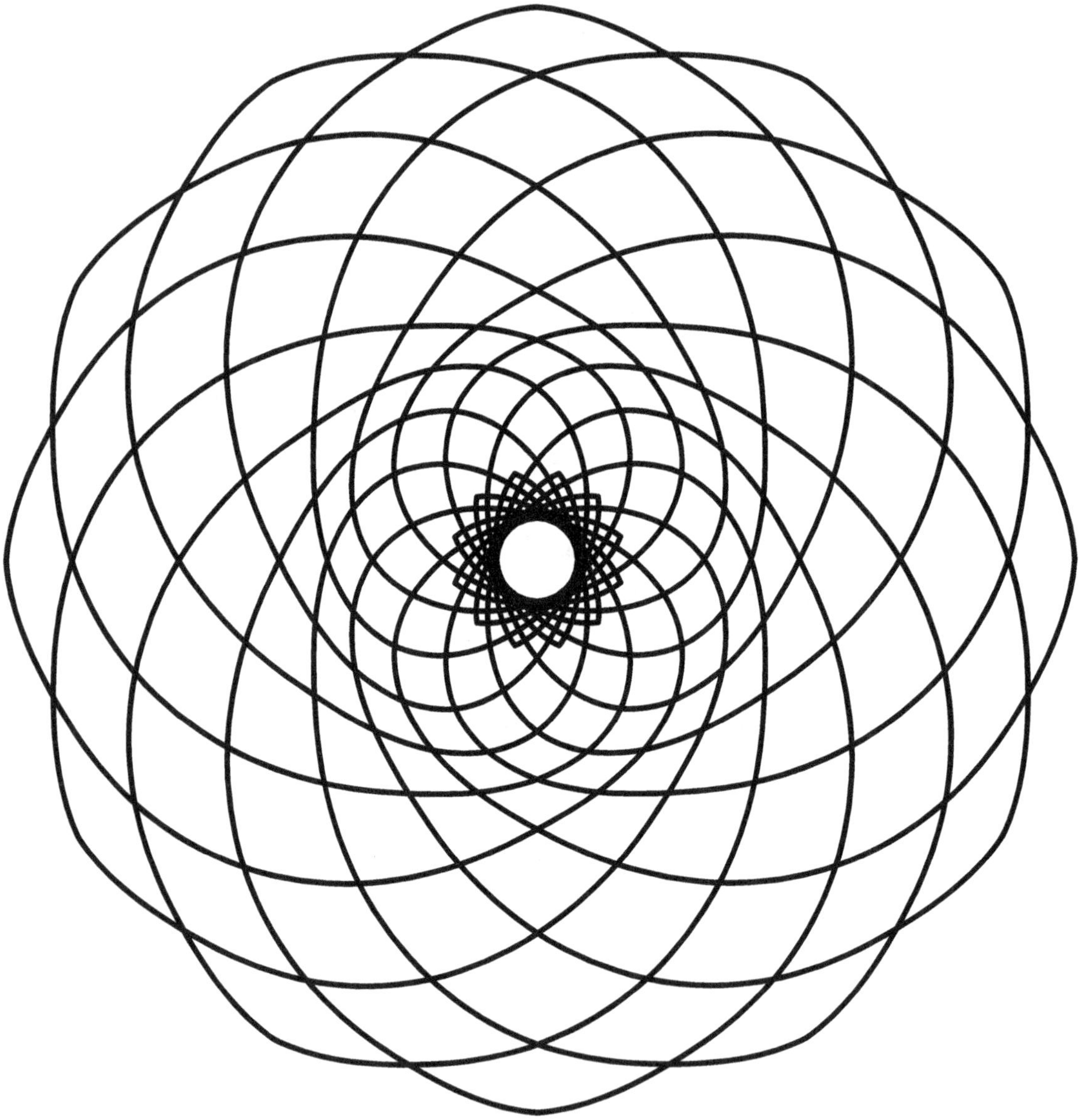

Felicidad

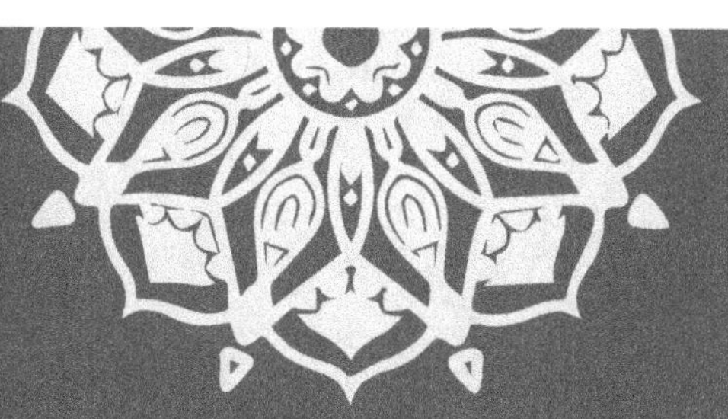

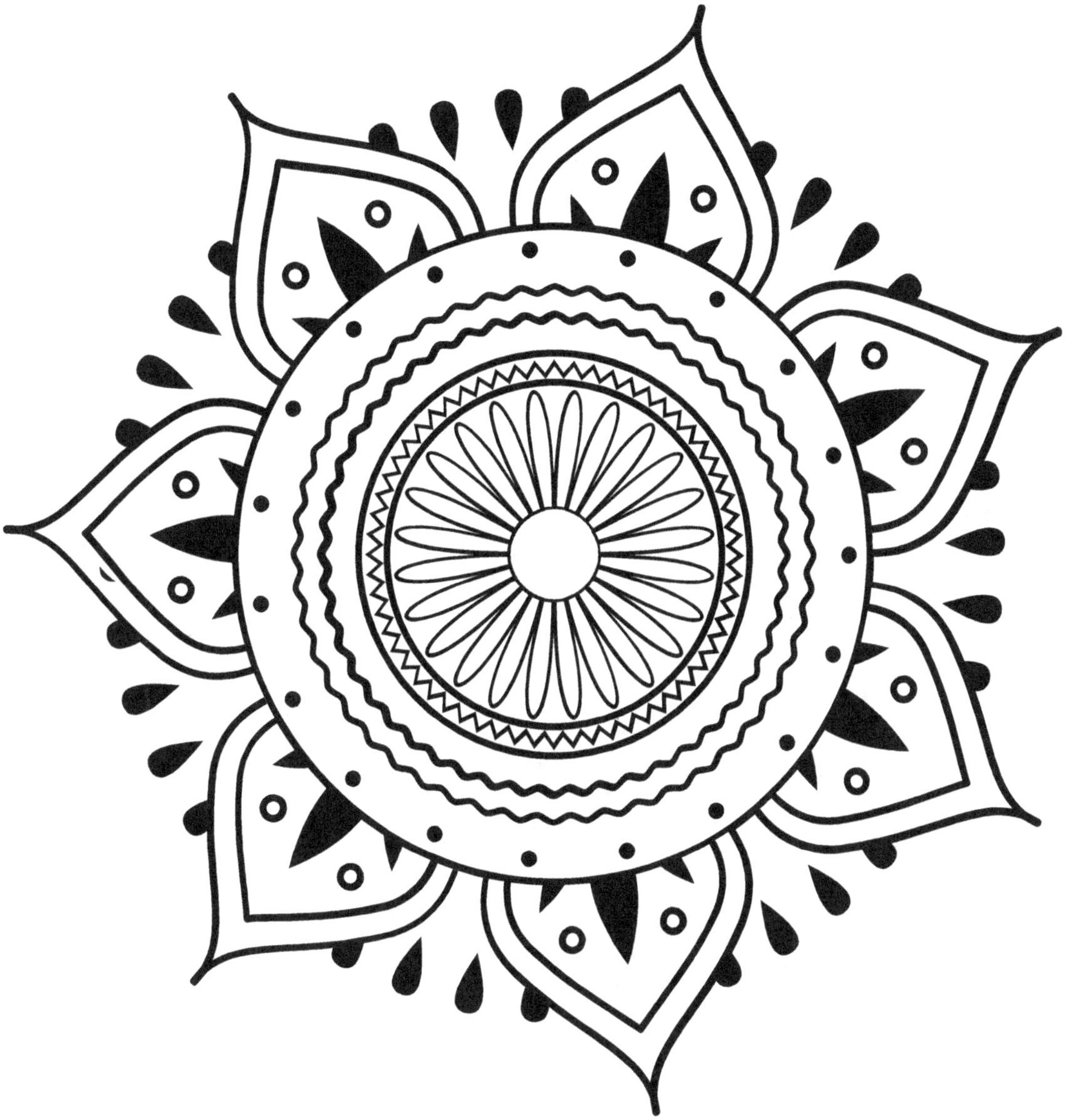

Bienestar

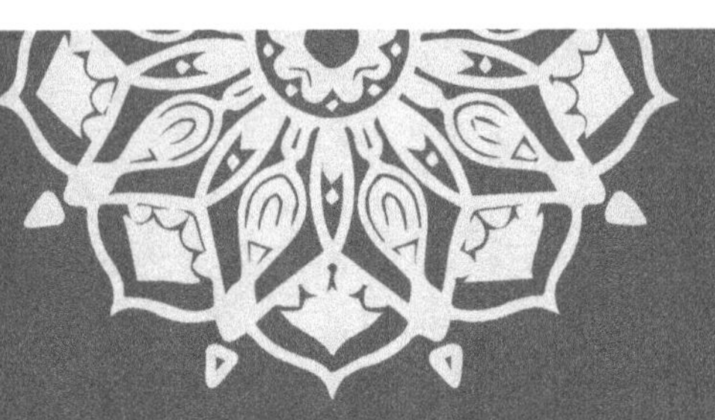

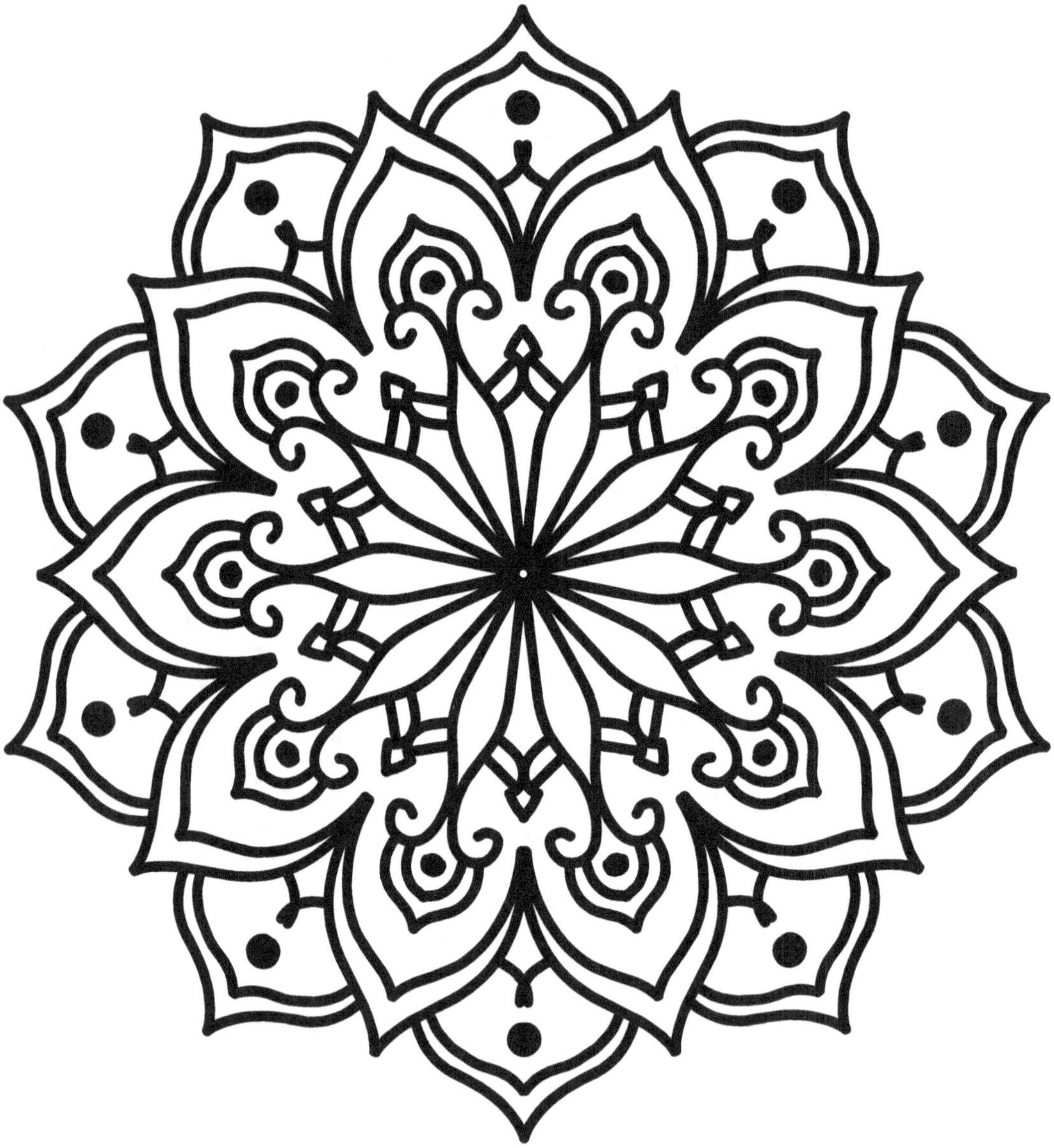

Dicha

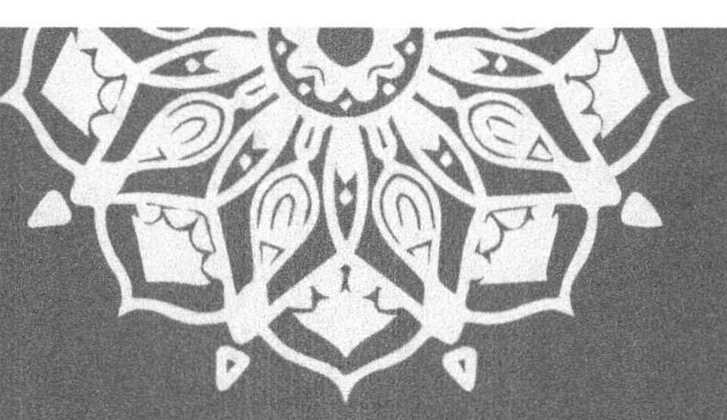

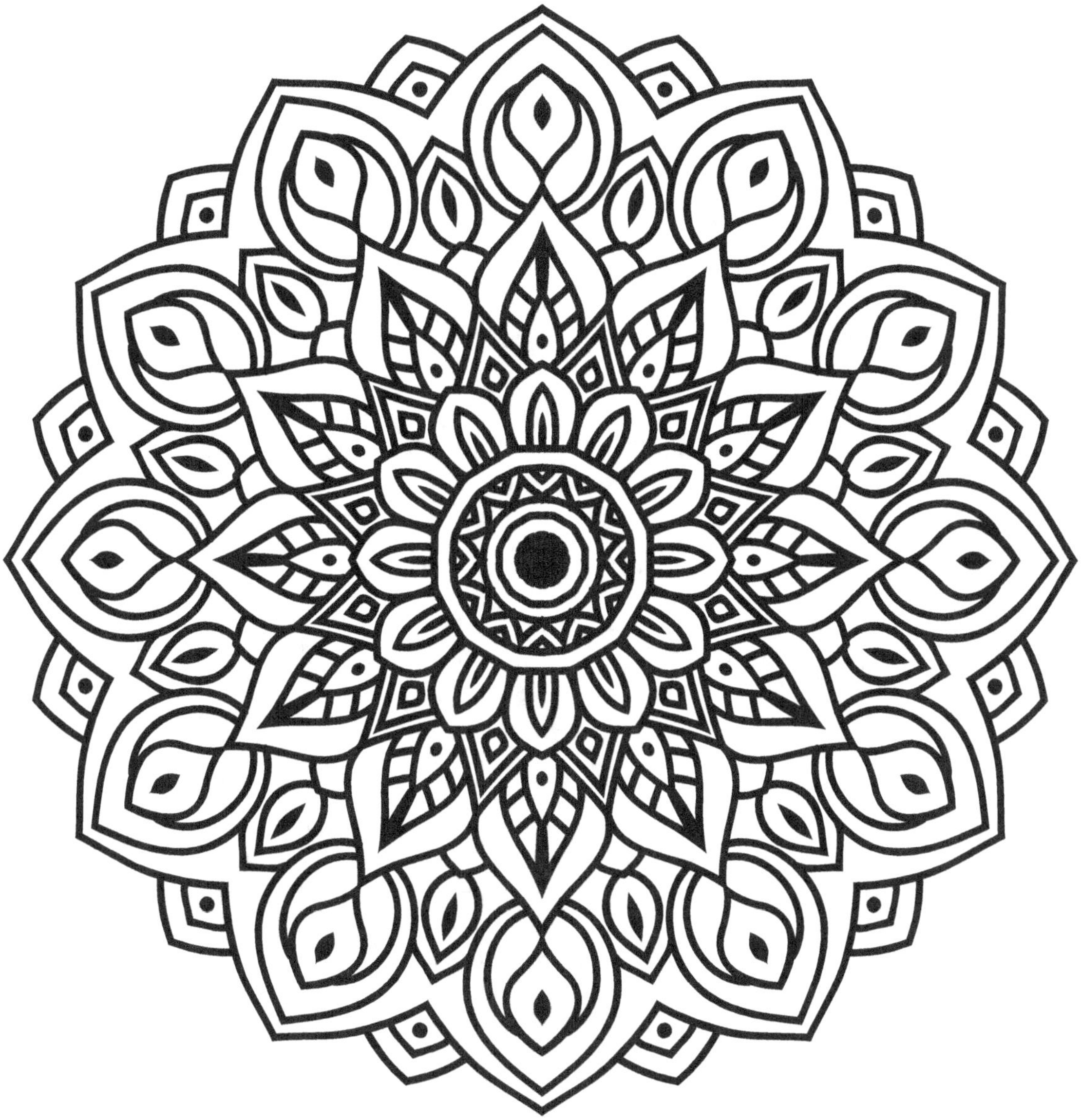

Satisfacción

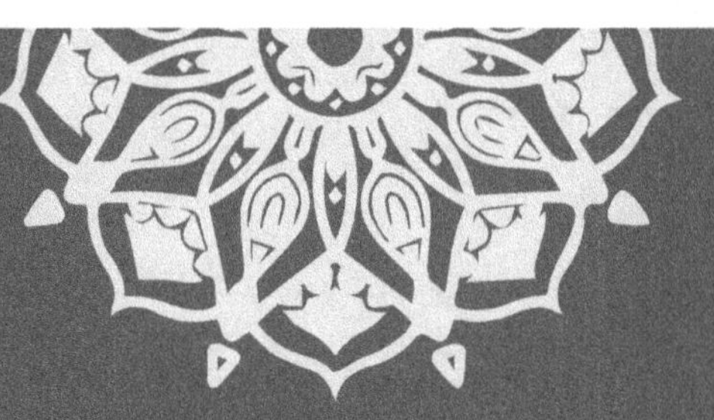

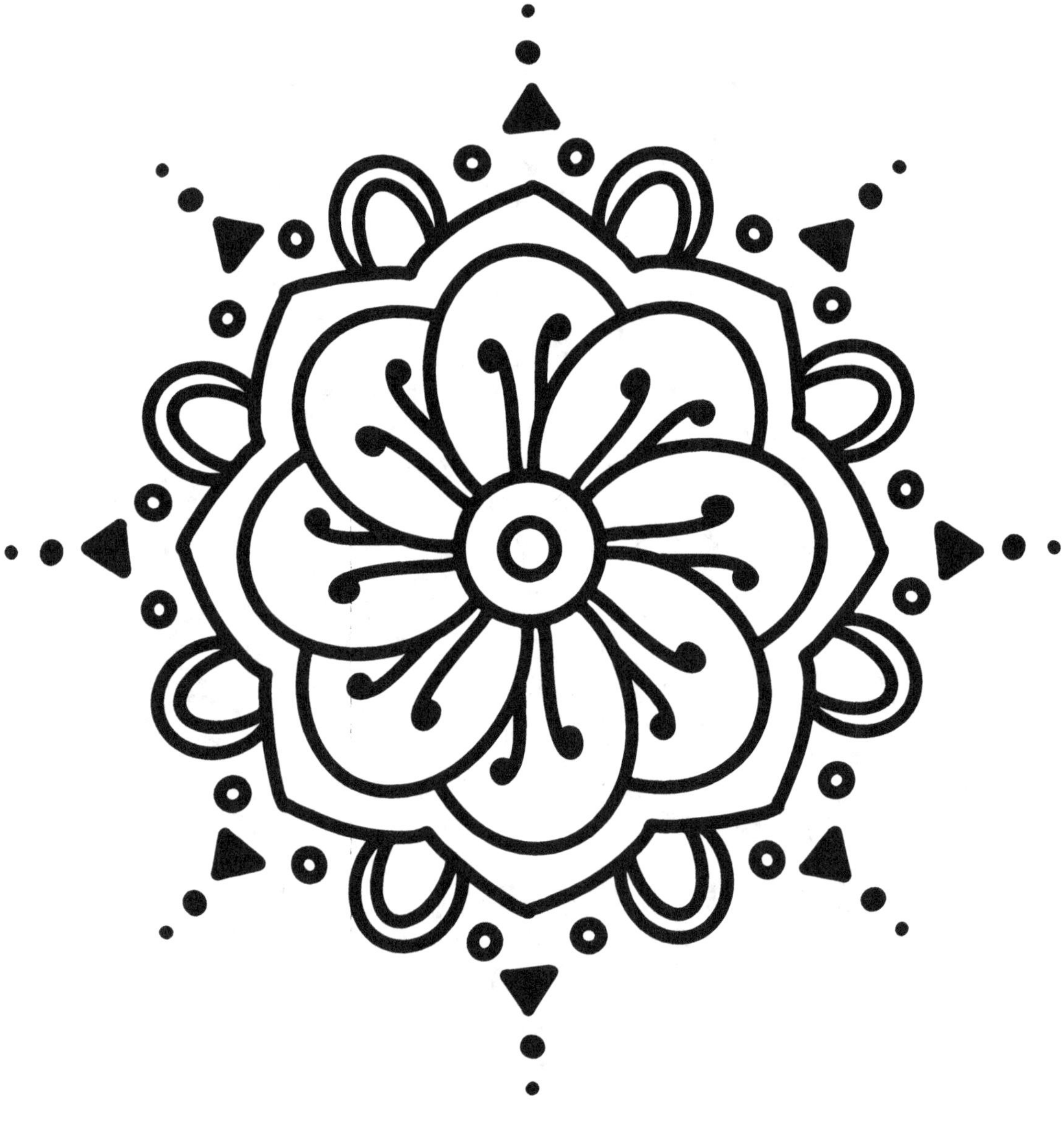

Felicidad